Impressum
Verlag: BABADADA GmbH, Nedderfeld 112 , 22529 Hamburg
Geschäftsführer / Verlagsleitung: Harald Hof
Druck: Books on Demand GmbH, In de Tarpen 42, 22848 Norderstedt

Imprint
Publisher: BABADADA GmbH, Nedderfeld 112 , 22529 Hamburg, Germany
Managing Director / Publishing direction: Harald Hof
Print: Books on Demand GmbH, In de Tarpen 42, 22848 Norderstedt

Šola

colegio

Razred
aula

Deljenje
dividir

186/2

Tabla
pizarrón

Šolsko dvorišče
patio de escuela

Učitelj
maestro

Papir
papel

Pisati
escribir

Pisalo
birome

Pisalna miza
escritorio

Ravnilo
regla

Knjiga
libro

Učenec
alumno

Šolska torba
mochila

Peresnica
caja de lápices

Svinčnik
lápiz

Šilček
sacapuntas

Radirka
goma (de borrar)

Risalni blok
bloc de dibujo

Risba

dibujo

Čopič

pincel

Vodene barvice

caja de pinturas

Škarje

tijera

Lepilo

pegamento

Zvezek

cuaderno de ejercicios

Domača naloga

tarea

12

Število

número

2+2

Seštevanje

sumar

5-2

Odštevanje

restar

2×2

Množenje

multiplicar

Računanje

calcular

Črka

letra

**ABCDEFG
HIJKLMN
OPQRSTU
VWXYZ**

Abeceda

abecedario

Beseda

palabra

Besedilo

texto

Brati

leer

Kreda

tiza

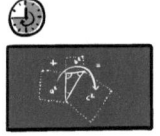

Učna ura

lección

Redovalnica

cuaderno de clase

Preizkus znanja

examen

Spričevalo

certificado

Šolska uniforma

uniforme escolar

Izobrazba

educación

Enciklopedija

enciclopedia

Univerza

universidad

Mikroskop

microscopio

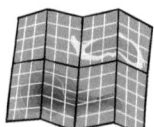

Zemljevid

mapa

Koš za smeti

tacho (de basura)

Šola - colegio

Potovanje
viaje

Hotel
hotel
Grand
Hostel
hostel
ROOMS
EXCHANGE
Menjalnica
casa de cambio
Kovček
valija
Avtomobil
auto

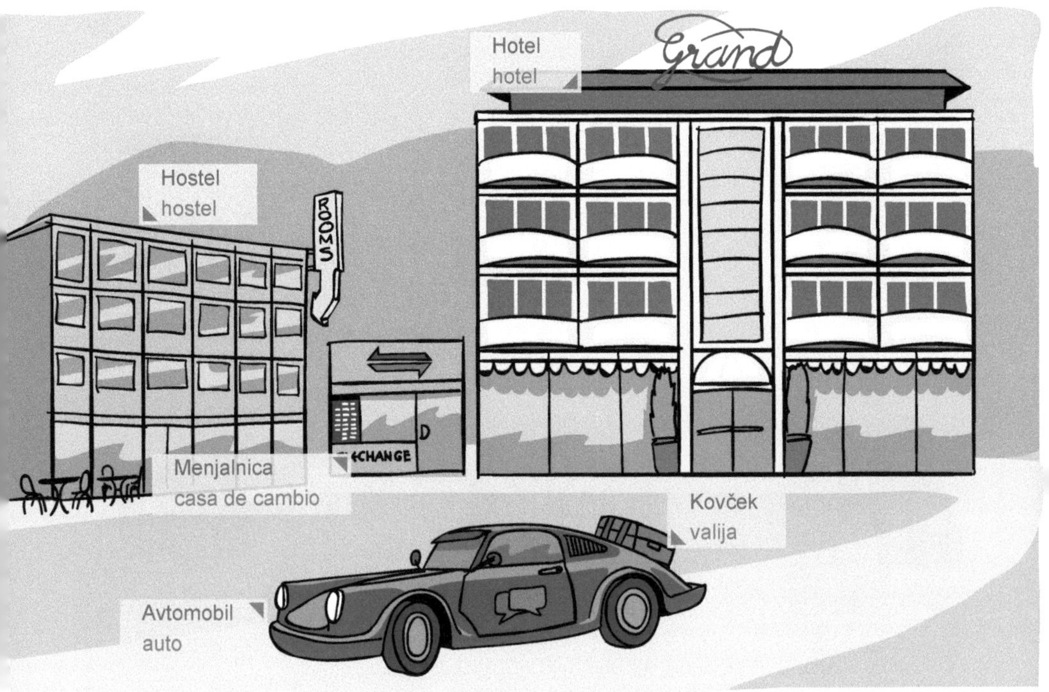

Jezik
idioma

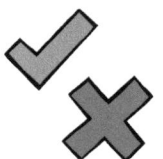

da / ne
sí / no

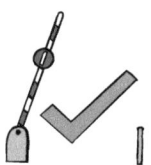

Prav
Está bien

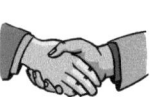

Pozdravljeni
hola

Prevajalec
traductor

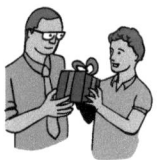

Hvala
Gracias

Koliko stane...?

¿cuánto cuesta...?

Ne razumem

No entiendo

Težava

problema

Dober večer!

¡Buenas tardes!

Dobro jutro!

¡Buenos días!

Lahko noč!

¡Buenas noches!

Nasvidenje

adiós

Smer

dirección

Prtljaga

equipaje

Torba

bolso

Nahrbtnik

mochila

Gost

invitado

Soba

habitación

Spalna vreča

bolsa de dormir

Šotor

carpa

Turistične informacije

información turística

Plaža

playa

Kreditna kartica

tarjeta de crédito

Zajtrk

desayuno

Kosilo

almuerzo

Večerja

cena

Vozovnica

pasaje

Dvigalo

ascensor

Znamka

sello

Meja

frontera

Carina

aduana

Veleposlaništvo

embajada

Vizum

visa

Potni list

pasaporte

Prevoz
transporte

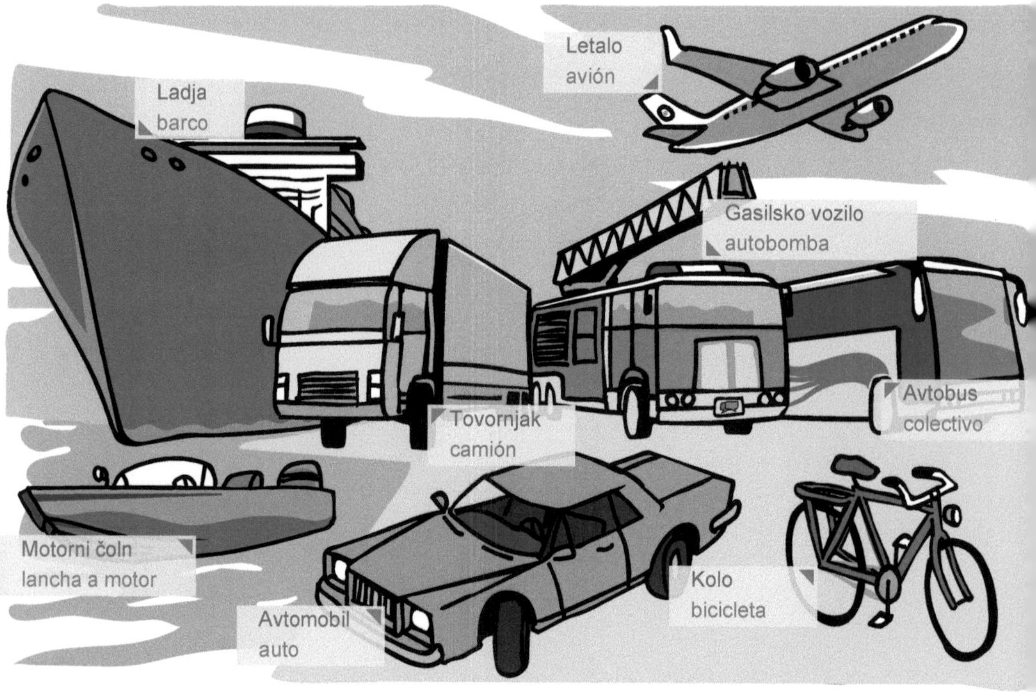

Letalo
avión

Ladja
barco

Gasilsko vozilo
autobomba

Avtobus
colectivo

Tovornjak
camión

Motorni čoln
lancha a motor

Avtomobil
auto

Kolo
bicicleta

Trajekt
ferry

Čoln
bote

Motorno kolo
moto

Policijski avto
patrullero

Dirkalni avto
auto de carreras

Najeto vozilo
auto de alquiler

8

Souporaba avtomobila

alquiler de autos

Avtovleka

grúa

Smetarsko vozilo

camión de basura

Motor

motor

Gorivo

nafta

Bencinska postaja

estación de servicio

Prometni znak

señal de tránsito

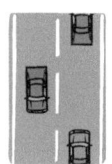

Promet

tránsito

Zastoj

embotellamiento

Parkirišče

estacionamiento

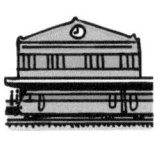

Železniška postaja

estación de tren

Tirnice

vías

Vlak

tren

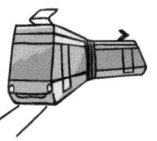

Tramvaj

tranvía

Vagon

vagón

Helikopter

helicóptero

Letališče

aeropuerto

Stolp

torre

Potnik

pasajero

Kontejner

contenedor

Karton

caja de cartón

Voziček

carretilla

Košara

canasta

vzleteti / pristati

despegar / aterrizar

Mesto
ciudad

Vas

pueblo

Mestno jedro

centro de ciudad

Hiša

casa

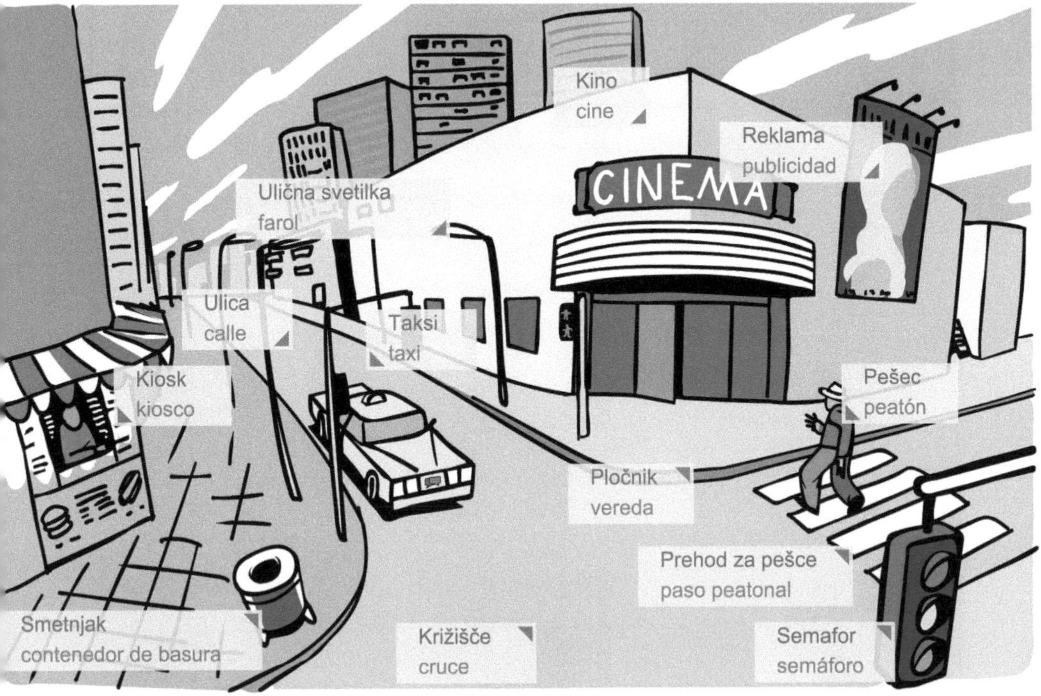

Kino / cine

Reklama / publicidad

Ulična svetilka / farol

Ulica / calle

Taksi / taxi

CINEMA

Kiosk / kiosco

Pešec / peatón

Pločnik / vereda

Prehod za pešce / paso peatonal

Smetnjak / contenedor de basura

Križišče / cruce

Semafor / semáforo

Koča
....
cabaña

Stanovanje
....
departamento

Železniška postaja
....
estación de tren

Mestna hiša
....
municipalidad

Muzej
....
museo

Šola
....
colegio

Mesto - ciudad

Univerza

universidad

Banka

banco

Bolnišnica

hospital

Hotel

hotel

Lekarna

farmacia

Pisarna

oficina

Knjigarna

librería

Trgovina

negocio

Cvetličarna

florería

Supermarket

supermercado

Tržnica

mercado

Veleblagovnica

grandes tiendas

Ribarnica

pescadería

Nakupovalno središče

centro comercial

Pristanišče

puerto

Park

parque

Klop

banco

Most

puente

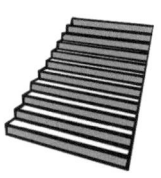

Stopnice

escaleras

Podzemna železnica

subte

Predor

túnel

Avtobusno postajališče

parada del colectivo

Bar

bar

Restavracija

restaurante

Poštni nabiralnik

buzón

Ulična tabla

letrero

Parkirna ura

parquímetro

Živalski vrt

zoológico

Kopališče

pileta

Mošeja

mezquita

Kmetija

granja

Onesnaževanje

contaminación

Pokopališče

cementerio

Cerkev

iglesia

Otroško igrišče

juegos infantiles

Tempelj

templo

Pokrajina
paisaje

List
hoja

Kažipot
poste indicador

Pot
camino

Travnik
pradera

Kamen
piedra

Drevo
árbol

Pohodnik
excursionista

Reka
río

Trava
hierba

Cvetlica
flor

Dolina
valle

Hrib
montaña

Jezero
lago

Gozd
bosque

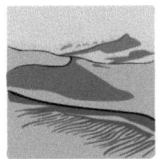

Puščava
desierto

Vulkan
volcán

Grad
castillo

Mavrica
arco iris

Goba
champiñón

Palma
palmera

Komar
mosquito

Muha
mosca

Mravlja
hormiga

Čebela
abeja

Pajek
araña

Hrošč

escarabajo

Žaba

rana

Veverica

ardilla

Jež

erizo

Zajec

liebre

Sova

lechuza

Ptič

pájaro

Labod

cisne

Divji prašič

jabalí

Jelen

ciervo

Los

alce

Jez

presa

Vetrnica

aerogenerador

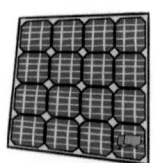

Solarna plošča

panel solar

Podnebje

clima

Restavracija
restaurante

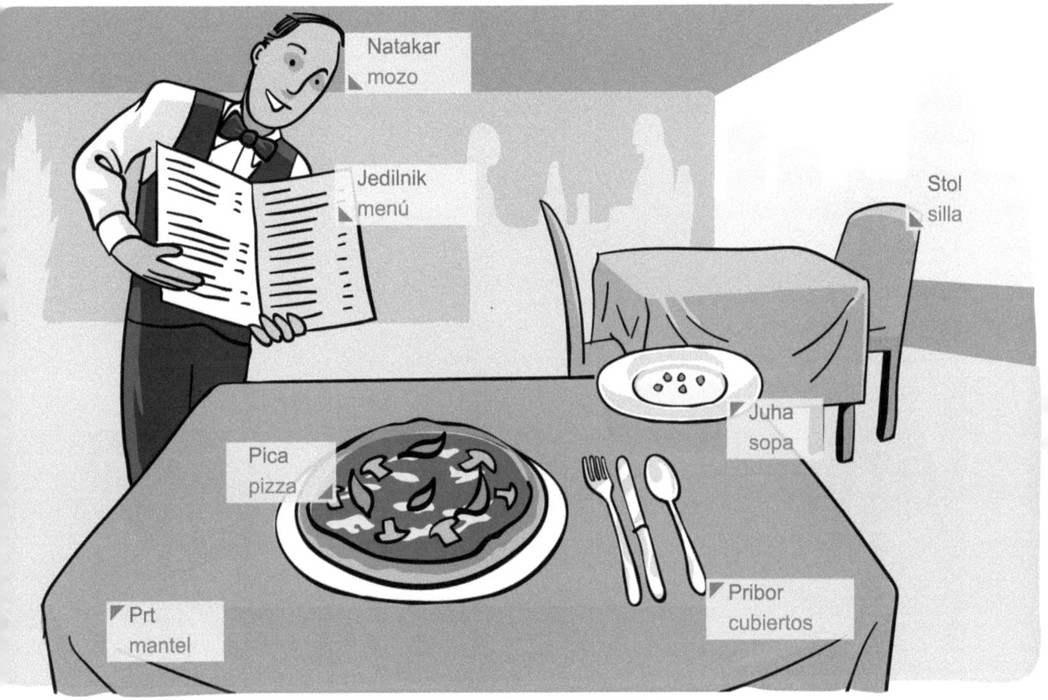
Natakar
mozo
Jedilnik
menú
Stol
silla
Juha
sopa
Pica
pizza
Pribor
cubiertos
Prt
mantel

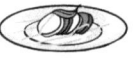

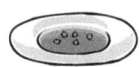

Predjed

entrada

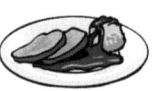

Glavna jed

plato principal

Sladica

postre

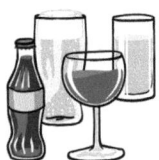

Pijače

bebidas

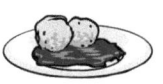

Hrana

comida

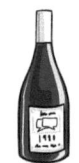

Steklenica

botella

Hitra hrana

comida rápida

Ulična hrana

comida callejera

Čajnik

tetera

Sladkornica

azucarera

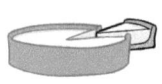

Porcija

porción

Aparat za espresso

cafetera expreso

Stolček za hranjenje

sillita alta

Račun

cuenta

Pladenj

bandeja

Nož

cuchillo

Vilica

tenedor

Žlica

cuchara

Čajna žlička

cucharita

Servieta

servilleta

Kozarec

vaso

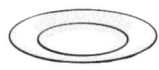

Krožnik

plato

Globoki krožnik

plato hondo

Krožniček

plato

Omaka

salsa

Solnica

salero

Mlinček za poper

molinillo de pimienta

Kis

vinagre

Olje

aceite

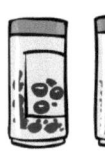

Začimbe

especias

Kečap

kétchup

Gorčica

mostaza

Majoneza

mayonesa

Supermarket
supermercado

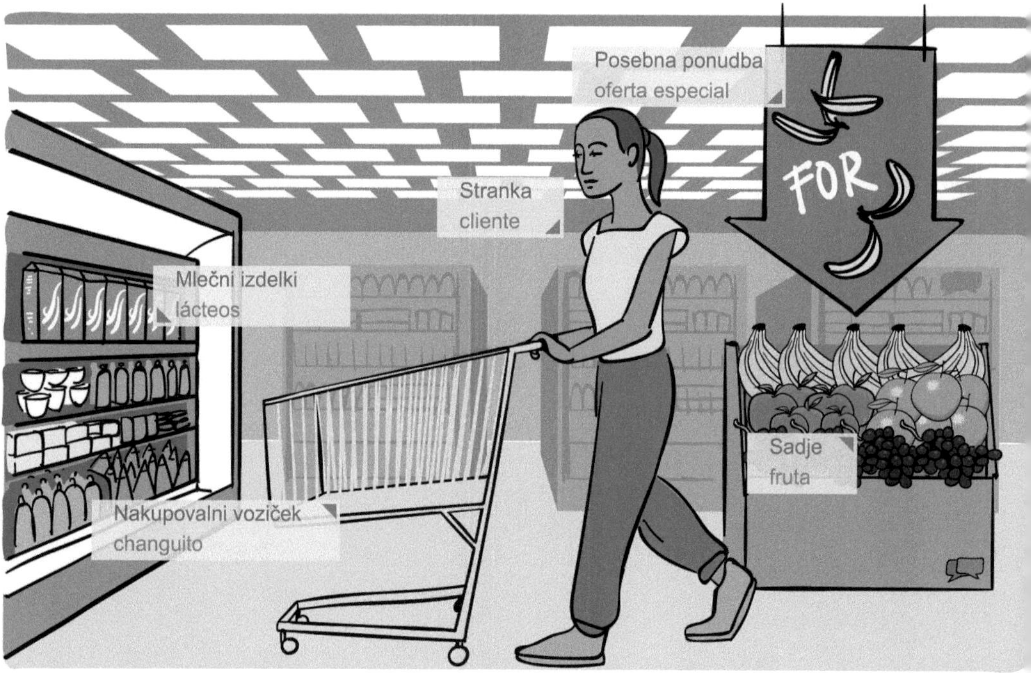

Posebna ponudba
oferta especial
FOR
Stranka
cliente
Mlečni izdelki
lácteos
Sadje
fruta
Nakupovalni voziček
changuito

BUTCHERS

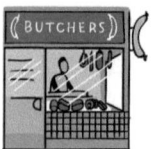

Mesnica
carnicería

BAKERY

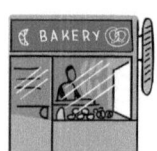

Pekarna
panadería

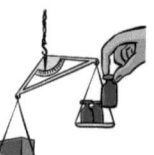

Tehtati
pesar

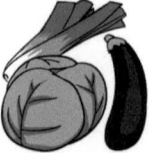

Zelenjava
verduras

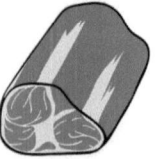

Meso
carne

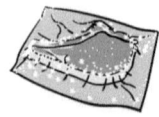

Zamrznjena hrana
alimentos congelados

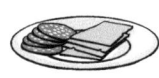

Hladne mesnine

fiambres

Konzerve

alimentos enlatados

Pralni prašek

detergente en polvo

Sladkarije

golosinas

Gospodinjski izdelki

electrodomésticos

Čistilno sredstvo

productos de limpieza

Prodajalka

vendedora

Blagajna

caja

Blagajnik

cajero

Nakupovalni seznam

lista de compras

Delovni čas

horario de atención

Denarnica

billetera

Kreditna kartica

tarjeta de crédito

Torba

cartera

Plastična vrečka

bolsa de plástico

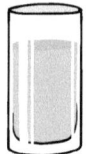

Voda

agua

Sok

jugo

Mleko

leche

Kola

bebida cola

Vino

vino

Pivo

cerveza

Alkohol

alcohol

Kakav

cacao

Čaj

té

Kava

café

Espresso

café expreso

Kapučino

cappuccino

Banana

banana

Jabolko

manzana

Pomaranča

naranja

Lubenica

melón

Limona

limón

Korenje

zanahoria

Česen

ajo

Bambus

bambú

Čebula

cebolla

Goba

champiñón

Oreščki

nueces

Rezanci

fideos

Špageti

tallarines

Riž

arroz

Solata

ensalada

Ocvrt krompirček

papas fritas

Pečen krompir

papas fritas

Pica

pizza

Hamburger

hamburguesa

Sendvič

sándwich

Zrezek

churrasco

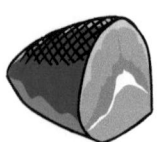

Šunka

jamón

Salama

salame

Klobasa

salchicha

Piščanec

pollo

Pečenka

asado

Riba

pescado

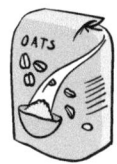

Ovseni kosmiči

copos de avena

Musli

muesli

Koruzni kosmiči

copos de maíz

Moka

harina

Rogljiček

medialuna

Žemlja

pancito

Kruh

pan

Prepečenec

tostada

Piškoti

galletitas

Maslo

manteca

Skuta

cuajada

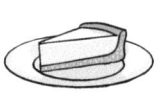

Torta

torta

Jajce

huevo

Pečeno jajce na oko

huevo frito

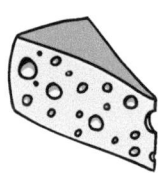

Sir

queso

Sladoled

helado

Sladkor

azúcar

Med

miel

Marmelada

mermelada

Čokoladni namaz

pasta de chocolate

Kari

curry

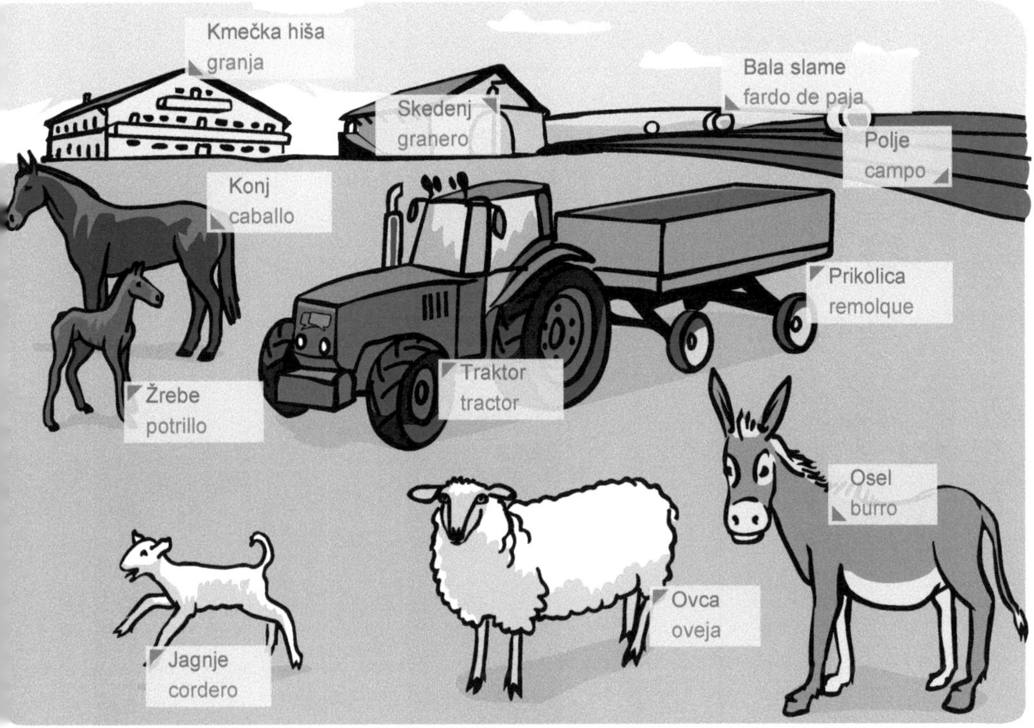

Kmečka hiša
granja

Skedenj
granero

Bala slame
fardo de paja

Polje
campo

Konj
caballo

Prikolica
remolque

Žrebe
potrillo

Traktor
tractor

Osel
burro

Ovca
oveja

Jagnje
cordero

Koza

cabra

Krava

vaca

Tele

ternero

Prašič

cerdo

Pujsek

lechón

Bik

toro

Gos

ganso

Raca

pato

Piščanec

pollo

Kokoš

gallina

Petelin

gallo

Podgana

rata

Mačka

gato

Miš

ratón

Vol

buey

Pes

perro

Pasja uta

cucha

Cev za zalivanje

manguera

Kangla za zalivanje

regadera

Kosa

guadaña

Plug

arado

Kmetija - granja

Srp

hoz

Motika

azada

Vile

horquilla

Sekira

hacha

Samokolnica

carretilla

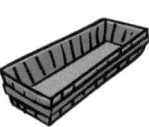

Korito

abrevadero

Kangla za mleko

lechera

Vreča

bolsa

Ograja

reja

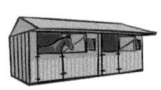

Hlev

establo

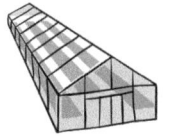

Rastlinjak

invernadero

Prst

suelo

Seme

semilla

Gnojilo

fertilizador

Kombajn

cosechadora

Žeti

cosechar

Žetev

cosecha

Jam

batatas

Pšenica

trigo

Soja

soja

Krompir

papa

Koruza

maíz

Oljna ogrščica

semilla de colza

Sadno drevo

árbol frutal

Maniok

mandioca

Žito

cereales

Hiša
casa

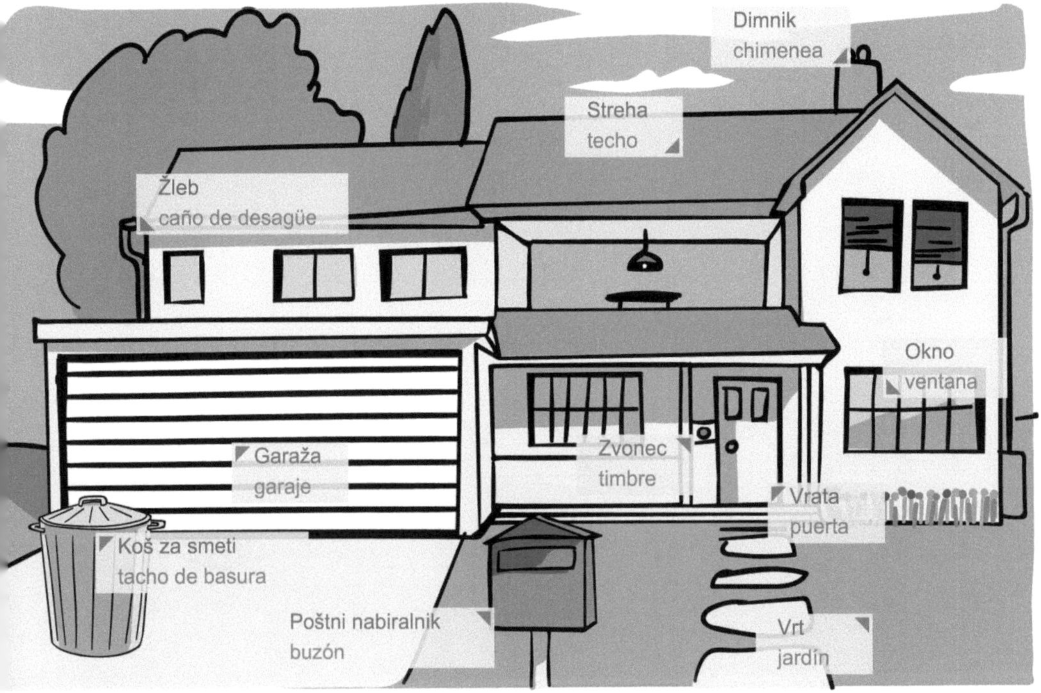
Dimnik
chimenea
Streha
techo
Žleb
caño de desagüe
Okno
ventana
Garaža
garaje
Zvonec
timbre
Vrata
puerta
Koš za smeti
tacho de basura
Poštni nabiralnik
buzón
Vrt
jardín

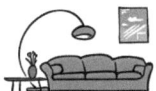

Dnevna soba

living

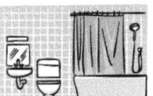

Kopalnica

baño

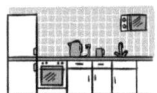

Kuhinja

cocina

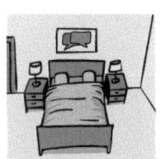

Spalnica

dormitorio

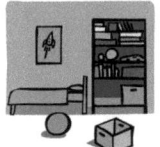

Otroška soba

cuarto de los chicos

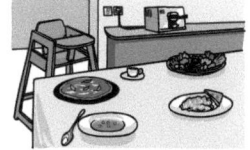

Jedilnica

comedor

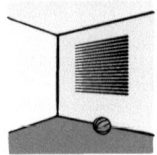

Tla

piso

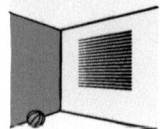

Stena

pared

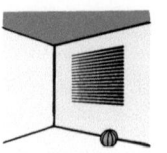

Strop

cielorraso

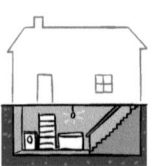

Klet

sótano

Savna

sauna

Balkon

balcón

Terasa

terraza

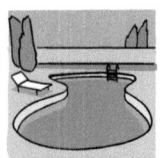

Bazen

pileta

Kosilnica

cortadora de pasto

Rjuha

sábana

Posteljno pregrinjalo

acolchado

Postelja

cama

Metla

escoba

Vedro

balde

Stikalo

interruptor

Dnevna soba
living

Tapeta
empapelado
Slika
imagen
Svetilka
lámpara
Polica
estante
Omara
armario
Televizor
televisión
Kamin
chimenea
Cvetlica
flor
Blazina
almohadón
Zofa
sofá
Vaza
florero
Daljinski upravljalnik
control remoto

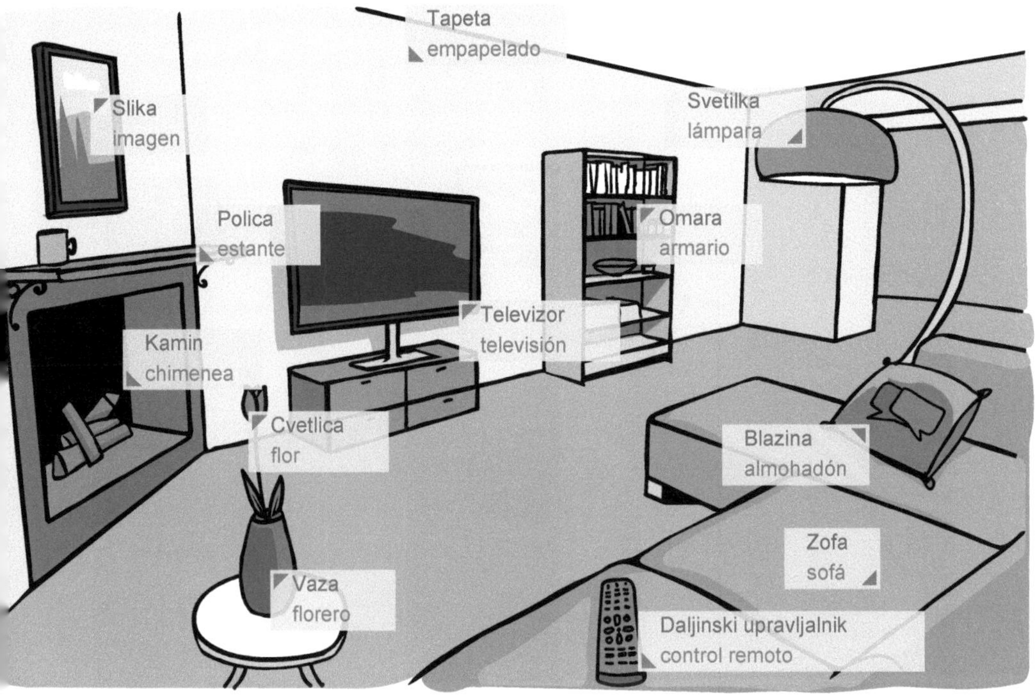

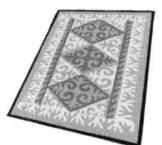

Preproga
alfombra

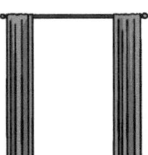

Zavesa
cortina

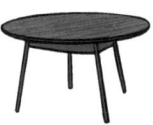

Miza
mesa

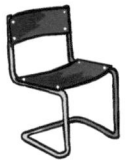

Stol
silla

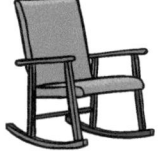

Gugalnik
mecedora

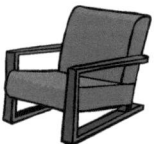

Naslanjač
sillón

Knjiga

libro

Odeja

frazada

Dekoracija

decoración

Drva

leña

Film

película

Glasbeni stolp

equipo de música

Ključ

llave

Časopis

diario

Slika

pintura

Plakat

póster

Radio

radio

Beležka

cuaderno

Sesalnik

aspiradora

Kaktus

cactus

Sveča

vela

Kuhinja
cocina

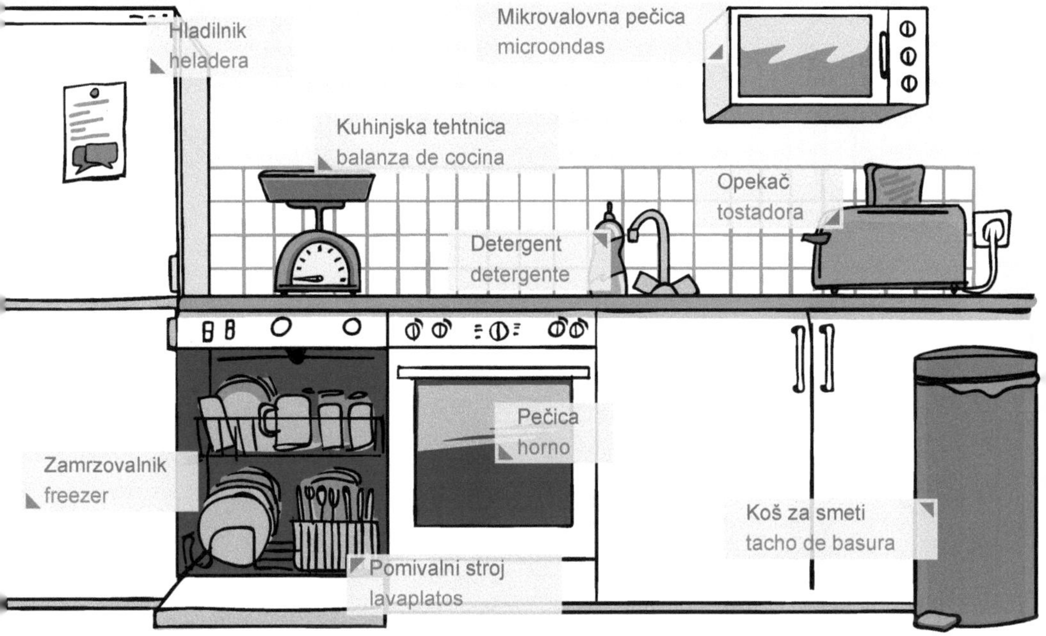
Hladilnik
heladera
Mikrovalovna pečica
microondas
Kuhinjska tehtnica
balanza de cocina
Opekač
tostadora
Detergent
detergente
Pečica
horno
Zamrzovalnik
freezer
Koš za smeti
tacho de basura
Pomivalni stroj
lavaplatos

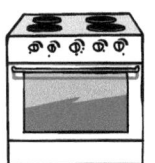

Kozica
cocina

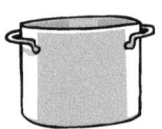

Lonec
olla

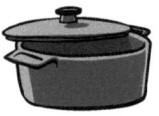

Litoželezni lonec
olla de hierro fundido

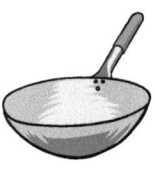

Vok / kadai
wok

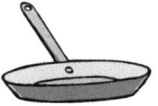

Ponev
sartén

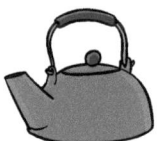

Kotliček
pava

Parni kuhalnik

vaporera

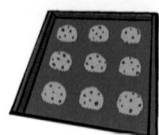

Pekač

bandeja de horno

Posoda

vajilla

Skodelica

taza

Skleda

bol

Jedilne paličice

palitos

Zajemalka

cucharón

Lopatica

estpátula

Metlica

batidora

Cedilnik

colador

Cedilo

colador

Strgalo

rallador

Možnar

mortero

Žar

parrilla

Ognjišče

fogata

Deska za rezanje

tabla de picar

Valjar

palo de amasar

Odpirač za steklenice

sacacorchos

Pločevinka

lata

Odpirač za konzerve

abrelatas

Prijemalka za posodo

manopla

Korito

pileta

Ščetka

cepillo

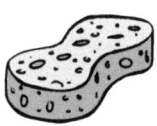

Goba

esponja

Mešalnik

batidora

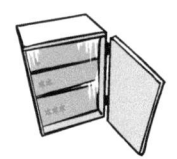

Zamrzovalna skrinja

congelador

Steklenička

mamadera

Pipa

canilla

Kopalnica
baño

Ogrevanje
calefacción
Prha
ducha
Brisača
toalla
Zavesa za prho
cortina de ducha
Peneča kopel
baño de espuma
Kopalna kad
bañadera
Kozarec
vaso
Pralni stroj
lavarropas
Pipa
canilla
Ploščice
baldosas
Kahlica
pelela
Korito
pileta

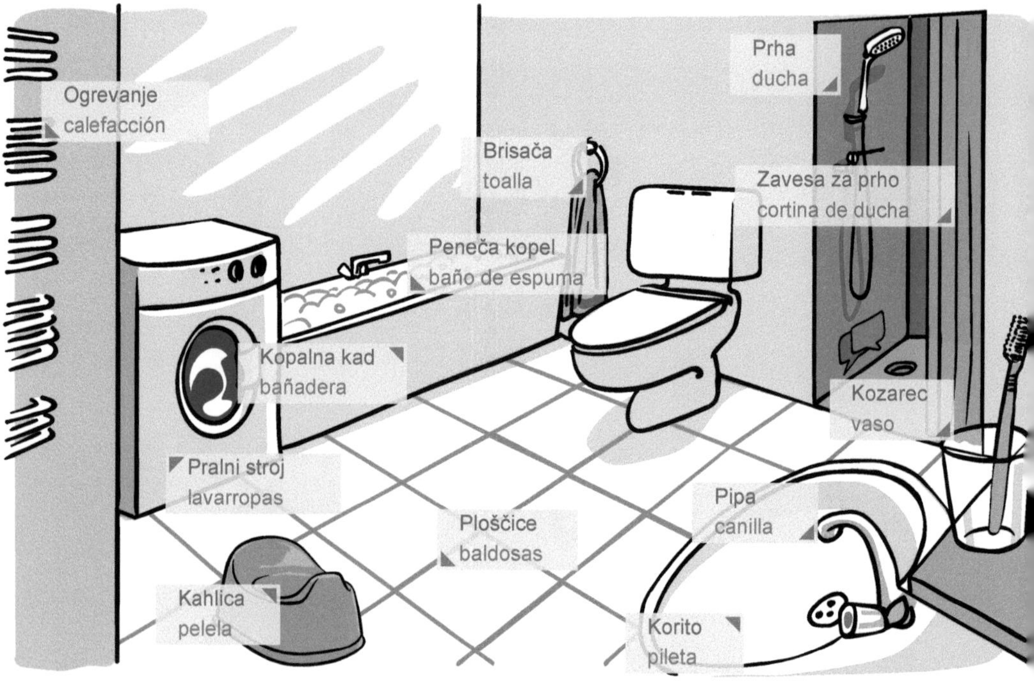

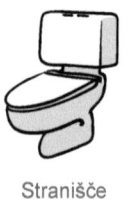

Stranišče

inodoro

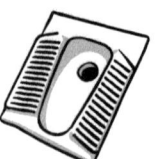

Stranišče na počep

letrina

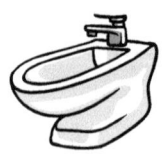

Bide

bidé

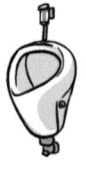

Pisoar

mingitorio

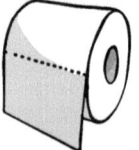

Toaletni papir

papel higiénico

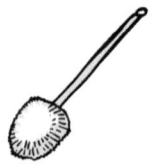

Ščetka za straniščno školjko

cepillo para el inodoro

Zobna ščetka

cepillo de dientes

Zobna pasta

dentífrico

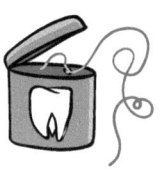

Zobna nitka

hilo dental

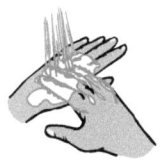

Umiti se

lavar

Ročna prha

ducha de mano

Prha za intimne dele

ducha higiénica

Umivalnik

palangana

Krtača za hrbet

cepillo para espalda

Milo

jabón

Gel za prhanje

gel de ducha

Šampon

shampoo

Krpica za miljenje

toallita

Odtok

desagüe

Krema

crema

Deodorant

desodorante

Ogledalo

espejo

Ročno ogledalo

espejito

Britvica

maquinita de afeitar

Pena za britje

espuma de afeitar

Vodica po britju

aftershave

Glavnik

peine

Ščetka

cepillo

Sušilnik za lase

secador de pelo

Lak za lase

spray

Ličila

maquillaje

Šminka

lápiz de labios

Lak za nohte

esmalte para uñas

Vatirane blazinice

algodón

Škarjice za nohte

tijera para uñas

Parfum

perfume

Toaletna torbica

portacosméticos

Stol brez naslonjala

banqueta

Osebna tehtnica

balanza

Kopalni plašč

bata

Gumijaste rokavice

guantes de goma

Tampon

tampón

Damski vložki

toallita femenina

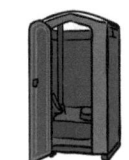

Kemično stranišče

baño químico

Otroška soba

cuarto de los chicos

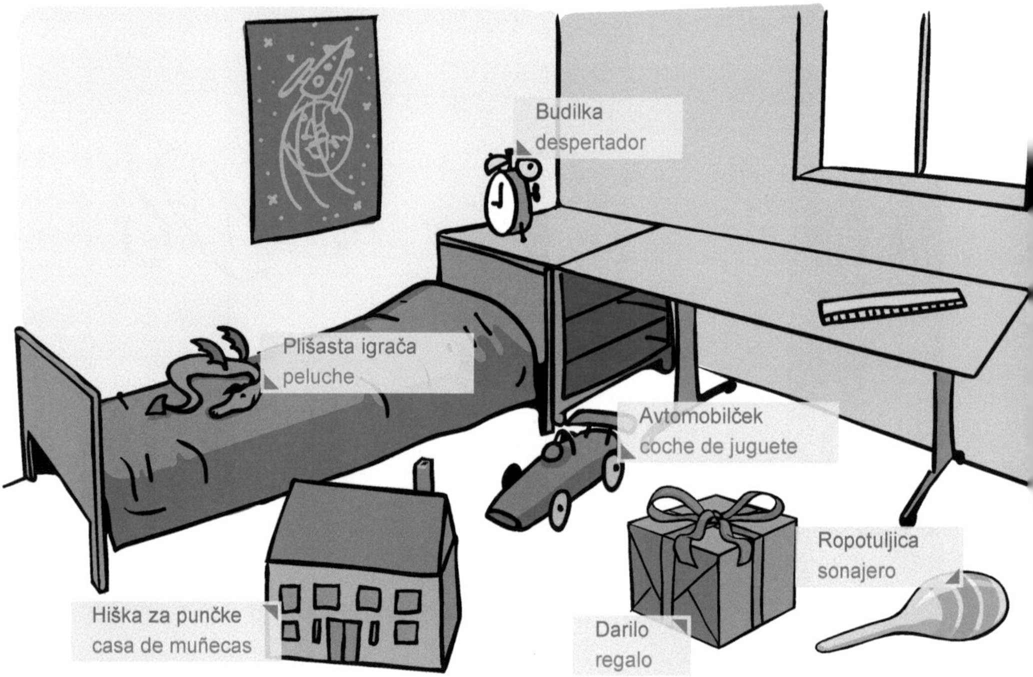

Budilka
despertador
Plišasta igrača
peluche
Avtomobilček
coche de juguete
Ropotuljica
sonajero
Hiška za punčke
casa de muñecas
Darilo
regalo

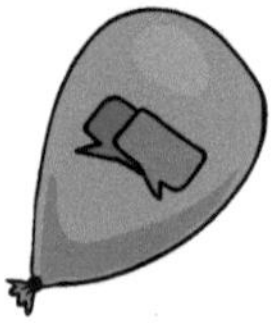

Balon

globo

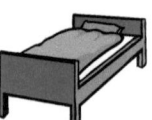

Postelja

cama

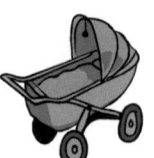

Otroški voziček

cochecito

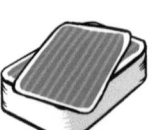

Igralne karte

cartas

Sestavljanka

rompecabezas

SUPER
MEGA

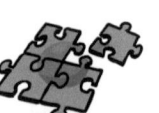

Strip

historieta

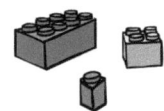

Lego kocke

piezas de lego

Igralne kocke

ladrillos de juguete

Akcijska figura

figura de acción

Bodi

enterito (de bebé)

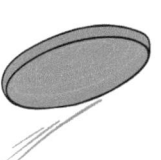

Frizbi

frisbee

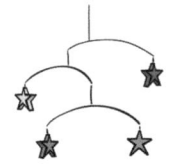

Vrtiljak za posteljico

móvil para bebés

Namizna igra

juego de mesa

Kocka

dados

Komplet modelov vlakov

tren eléctrico

Duda

chupete

Zabava

fiesta

Slikanica

libro de cuentos ilustrado

Žoga

pelota

Lutka

muñeca

Igrati se

jugar

Peskovnik

arenero

Gugalnica

hamaca

Igrače

juguetes

Igralna konzola

consola de videojuegos

Tricikel

triciclo

Plišasti medvedek

osito de peluche

Garderoba

armario

Oblačilo

ropa

Nogavice

medias

Samostoječe nogavice

medias panty

Hlačne nogavice

calzas

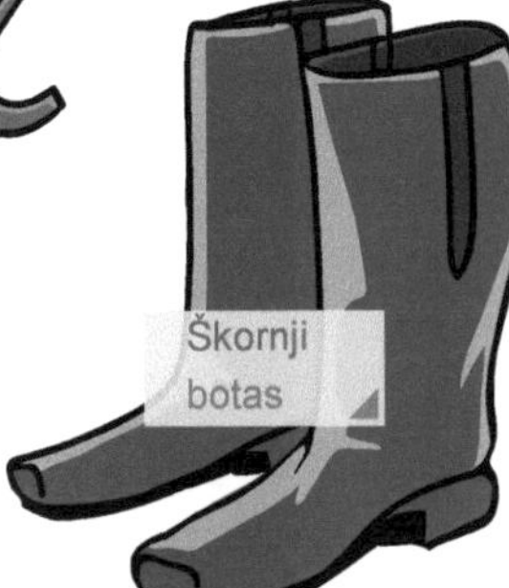

Šal
bufanda

Pas
cinturón

Dežnik
paraguas

Majica s kratkimi rokavi
remera

Športni copati
zapatillas

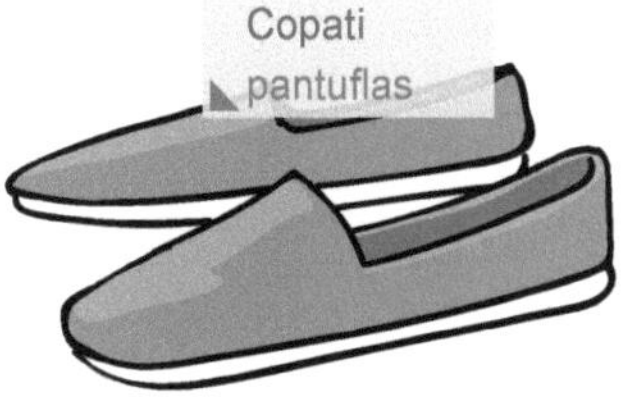

Škornji
botas

Copati
pantuflas

Sandali
....
sandalias

Čevlji
....
zapatos

Gumijasti škornji
....
botas de goma

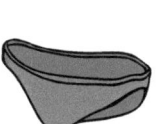

Spodnje hlače
....
ropa interior

Modrček
....
corpiño

Telovnik
....
chaleco

Bodi

body

Hlače

pantalones

Kavbojke

jeans

Krilo

pollera

Bluza

blusa

Srajca

camisa

Pulover

pulóver

Pletena jopica

buzo

Jopa

blazer

Jakna

campera

Plašč

tapado

Dežni plašč

piloto

Kostim

traje

Obleka

vestido

Poročna obleka

vestido de novia

Obleka

traje

Spalna srajca

camisón

Pižama

pijama

Sari

sari

Naglavna ruta

pañuelo para cabeza

Turban

turbante

Burka

burka

Kaftan

caftán

Abaja

abaya

Kopalke

traje de baño

Kopalne hlače

short de baño

Kratke hlače

shorts

Trenirka

jogging

Predpasnik

delantal

Rokavice

guantes

Gumb

botón

Očala

anteojos

Zapestnica

pulsera

Verižica

collar

Prstan

anillo

Uhan

aro

Kapa

gorra

Obešalnik

percha

Klobuk

sombrero

Kravata

corbata

Zadrga

cierre

Čelada

casco

Naramnice

tiradores

Šolska uniforma

uniforme escolar

Uniforma

uniforme

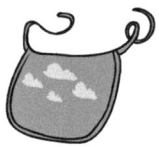

Slinček

babero

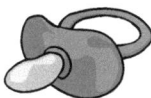

Duda

chupete

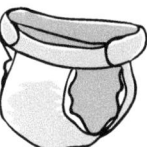

Plenica

pañal

Pisarna
oficina

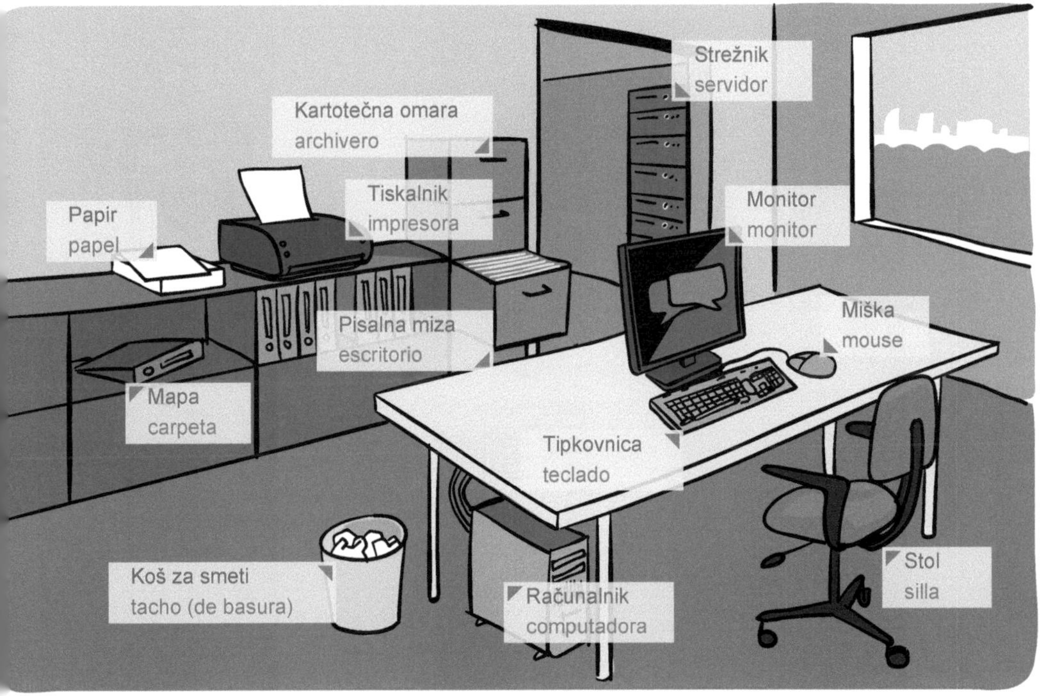
Strežnik
servidor
Kartotečna omara
archivero
Tiskalnik
impresora
Papir
papel
Monitor
monitor
Miška
mouse
Pisalna miza
escritorio
Mapa
carpeta
Tipkovnica
teclado
Koš za smeti
tacho (de basura)
Računalnik
computadora
Stol
silla

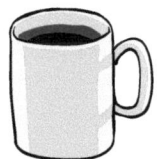

Lonček za kavo

taza de café

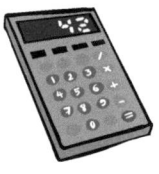

Kalkulator

calculadora

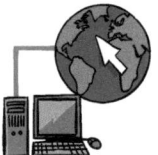

Internet

internet

Prenosnik

laptop

Pismo

carta

Sporočilo

mensaje

Mobilnik

celular

Omrežje

red

Kopirni stroj

fotocopiadora

Programska oprema

software

Telefon

teléfono

Vtičnica

tomacorriente

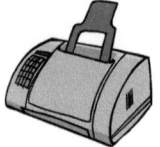

Telefaks

fax

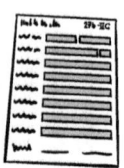

Obrazec

formulario

Dokument

documento

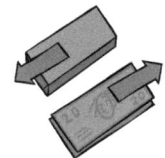

Kupiti

comprar

Plaćati

pagar

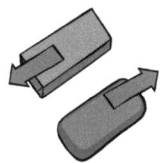

Trgovati

hacer negocios

Denar

dinero

Dolar

dólar

Evro

euro

Jen

yen

Rubelj

rublo

Švičarski frank

franco suizo

Kitajski juan renminbi

yuan

Rupija

rupia

Bankomat

cajero automático

Menjalnica

casa de cambio

Zlato

oro

Srebro

plata

Nafta

petróleo

Energija

energía

Cena

precio

Pogodba

contrato

Davek

impuesto

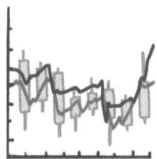

Delnice

acción

Delati

trabajar

Delojemalec

empleado

Delodajalec

empleador

Tovarna

fábrica

Trgovina

negocio

Poklici
ocupaciones

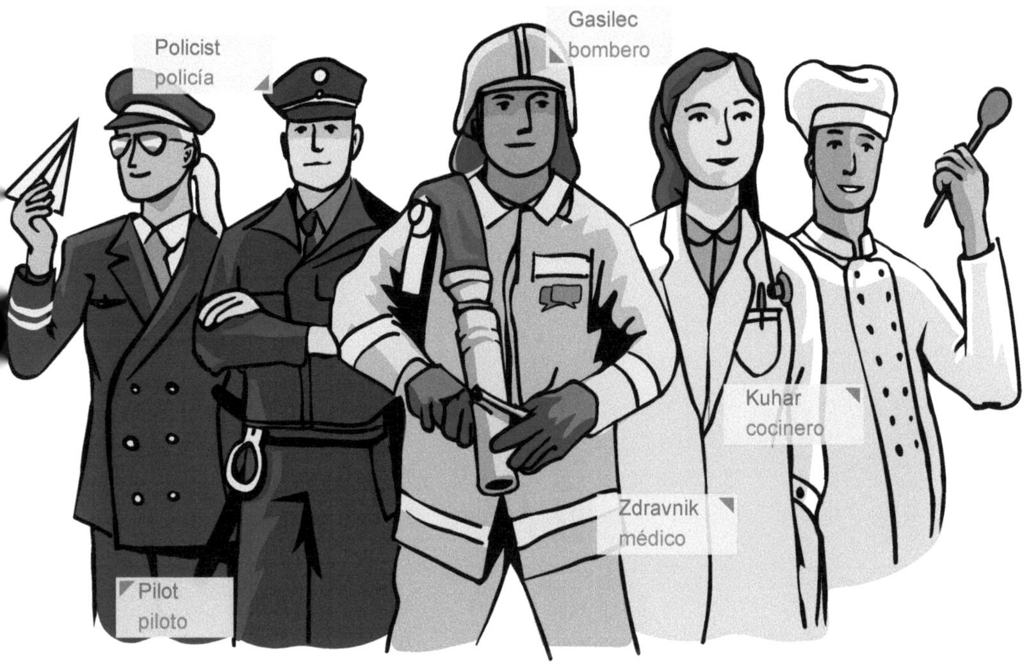

Policist
policía
Gasilec
bombero
Kuhar
cocinero
Zdravnik
médico
Pilot
piloto

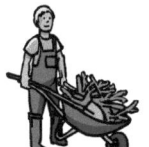

Vrtnar

jardinero

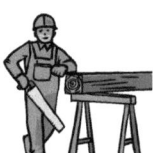

Mizar

carpintero

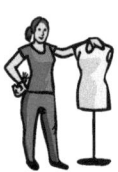

Šivilja

modista

Sodnik

juez

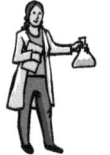

Kemik

farmacéutico

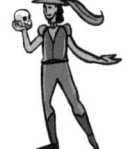

Igralec

actor

Voznik avtobusa

colectivero

Taksist

taxista

Ribič

pescador

Čistilka

mucama

Krovec

techista

Natakar

mozo

Lovec

cazador

Pleskar

pintor

Pek

panadero

Električar

electricista

Gradbenik

albañil

Inženir

ingeniero

Mesar

carnicero

Vodovodni inštalater

plomero

Poštar

cartero

Vojak

soldado

Arhitekt

arquitecto

Blagajnik

cajero

Cvetličar

florista

Frizer

peluquero

Sprevodnik

cobrador

Mehanik

mecánico

Kapitan

capitán

Zobozdravnik

dentista

Znanstvenik

científico

Rabin

rabino

Imam

imán

Menih

monje

Duhovnik

sacerdote

Orodje
herramientas

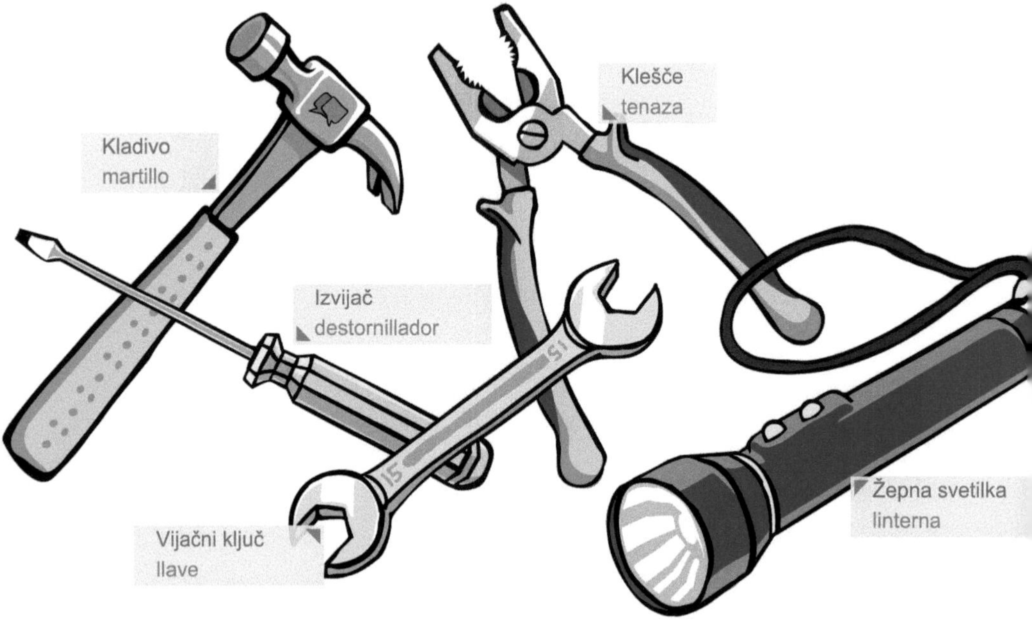
Kladivo
martillo
Klešče
tenaza
Izvijač
destornillador
Vijačni ključ
llave
Žepna svetilka
linterna

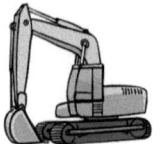

Bager

excavadora

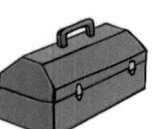

Zaboj z orodjem

caja de herramientas

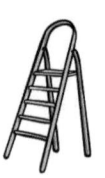

Lestev

escalera portátil

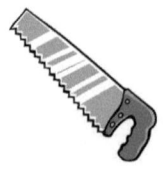

Žaga

sierra

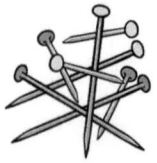

Žeblji

clavos

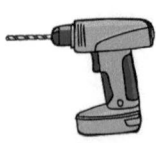

Vrtalnik

taladro

Popraviti
....
arreglar

Lopata
....
pala de jardín

Šment!
....
¡Qué bronca!

Smetišnica
....
pala de plástico

Posoda z barvo
....
tacho de pintura

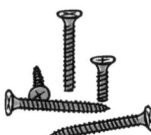

Vijaki
....
tornillos

Glasbeni instrument

instrumentos musicales

Tolkala
batería

Zvočnik
parlante

Kontrabas
contrabajo

Trobenta
trompeta

Kitara
guitarra

Klavir

piano

Violina

violín

Bas kitara

bajo

Pavke

timbales

Bobni

tambor

Sintetizator

teclado

Saksofon

saxofón

Flavta

flauta

Mikrofon

micrófono

Živalski vrt

zoológico

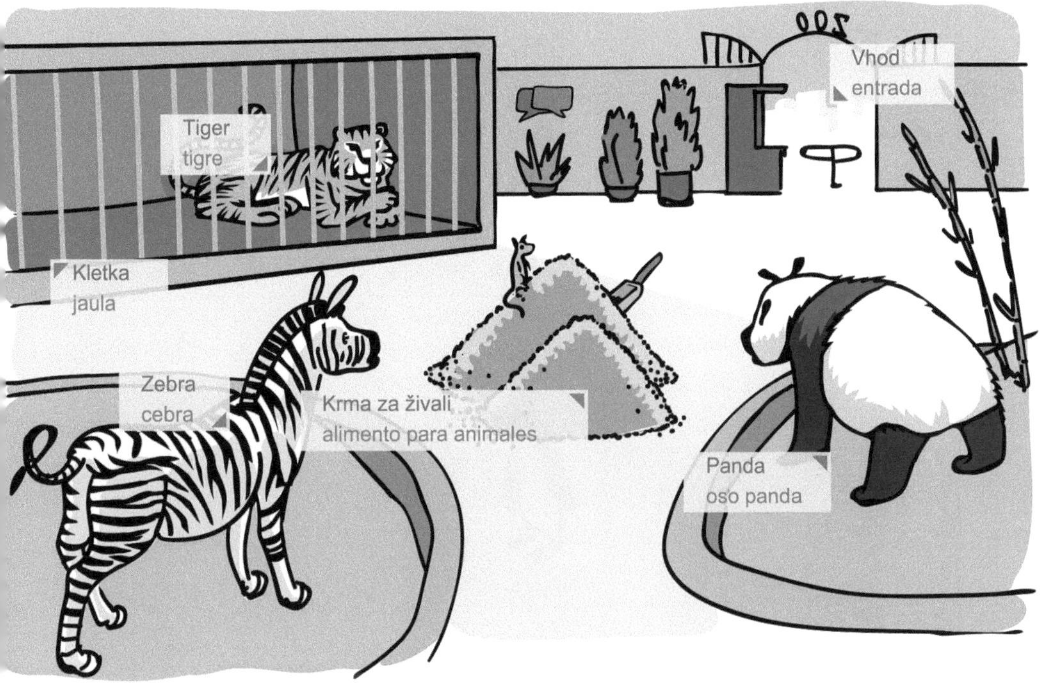

Tiger
tigre
Vhod
entrada
Kletka
jaula
Zebra
cebra
Krma za živali
alimento para animales
Panda
oso panda

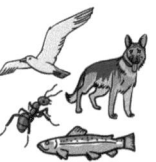

Živali

animales

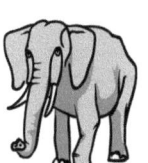

Slon

elefante

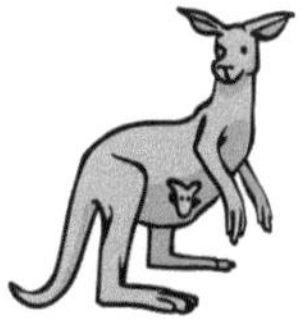

Kenguru

canguro

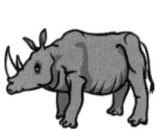

Nosorog

rinoceronte

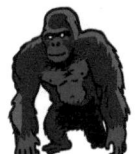

Gorila

gorila

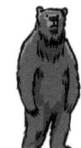

Medved

oso

Kamela

camello

Noj

avestruz

Lev

león

Opica

mono

Plamenec

flamenco

Papagaj

loro

Severni medved

oso polar

Pingvin

pingüino

Morski pes

tiburón

Pav

pavo real

Kača

serpiente

Krokodil

cocodrilo

Oskrbnik v živalskem vrtu

cuidador del zoológico

Tjulenj

foca

Jaguar

jaguar

Poni

poni

Leopard

leopardo

Povodni konj

hipopótamo

Žirafa

jirafa

Orel

águila

Divji prašič

jabalí

Riba

pescado

Želva

tortuga

Mrož

morsa

Lisica

zorro

Gazela

gacela

Ameriški nogomet
fútbol americano

Kolesarjenje
ciclismo

Tenis
tenis

Košarka
básquet

Plavanje
natación

Boks
boxeo

Hokej
hockey sobre hielo

Nogomet
fútbol

Badminton
bádminton

Atletika
atletismo

Rokomet
handball

Smučanje
esquí

Polo
polo

Dejavnosti
actividades

Smejati se
reír
Skočiti
saltar
Objeti
abrazar
Hoditi
caminar
Peti
cantar
Sanjati
soñar
Moliti
rezar
Poljubiti
besar

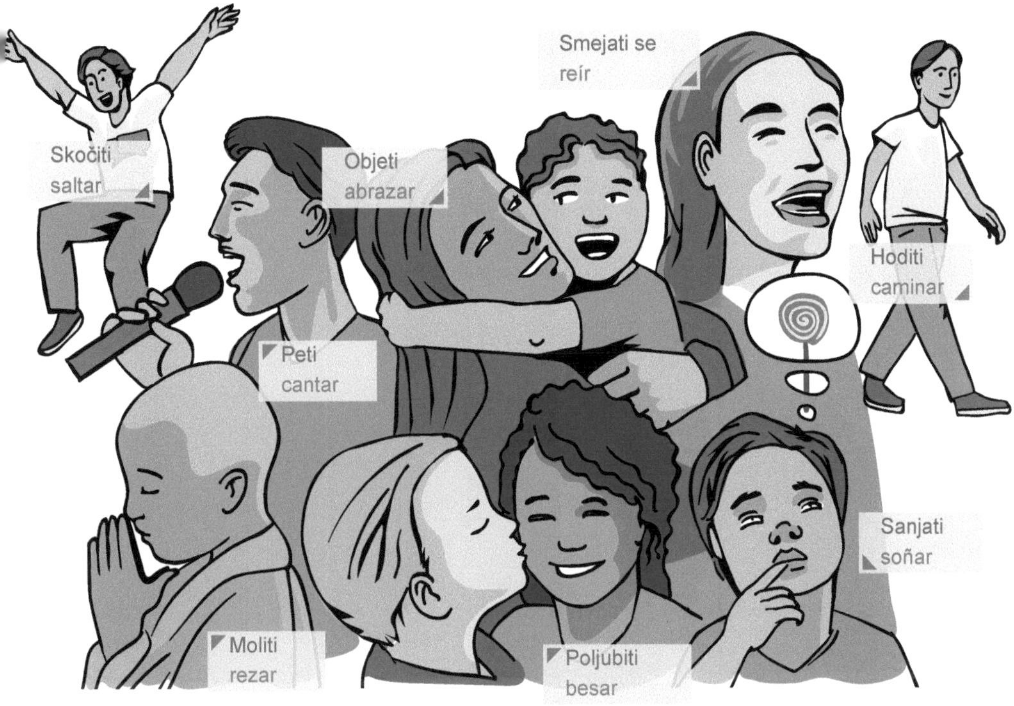

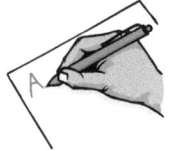

Pisati

escribir

Risati

dibujar

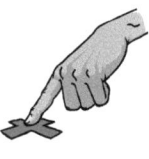

Pokazati

mostrar

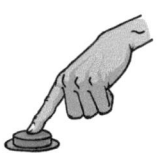

Potisniti

presionar

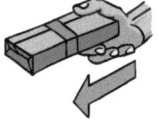

Dati

dar

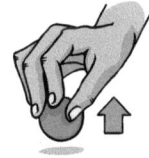

Vzeti

tomar

Imeti

tener

Narediti

hacer

Biti

ser

Stati

estar parado

Teči

correr

Vleči

tirar

Vreči

tirar

Pasti

caer

Ležati

estar acostado

Čakati

esperar

Nositi

llevar

Sedeti

estar sentado

Obleči se

vestirse

Spati

dormir

Zbuditi se

despertar

Gledati

mirar

Jokati

llorar

Božati

acariciar

Česati se

peinar

Govoriti

hablar

Razumeti

entender

Vprašati

preguntar

Poslušati

escuchar

Piti

beber

Jesti

comer

Pospraviti

ordenar

Ljubiti

amar

Kuhati

cocinar

Voziti

manejar

Leteti

volar

Jadrati

navegar

Računanje

calcular

Brati

leer

Učiti se

aprender

Delati

trabajar

Poročiti se

casarse

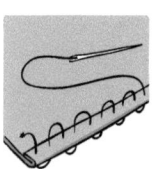

Šivati

coser

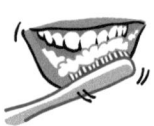

Ščetkati si zobe

cepillarse los dientes

Ubiti

matar

Kaditi

fumar

Poslati

enviar

Družina
familia

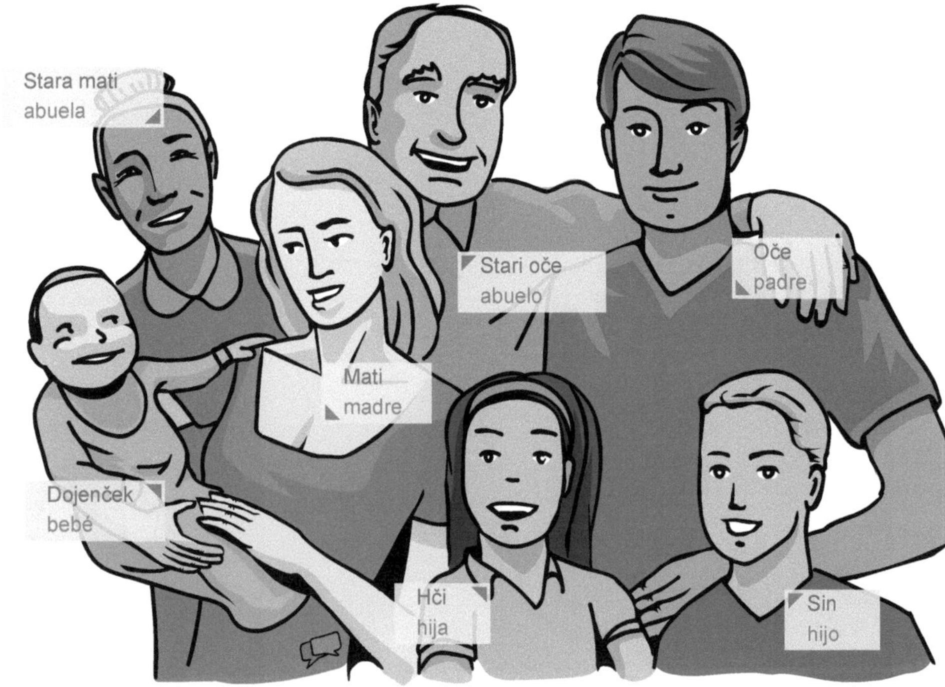

Stara mati
abuela
Stari oče
abuelo
Oče
padre
Mati
madre
Dojenček
bebé
Hči
hija
Sin
hijo

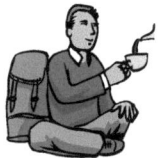

Gost

invitado

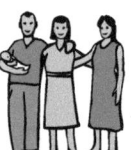

Teta

tía

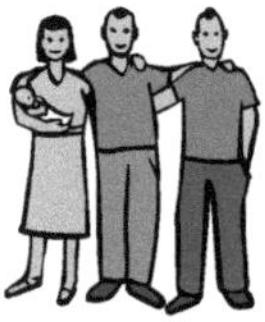

Stric

tío

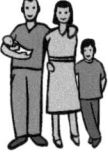

Brat

hermano

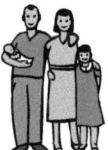

Sestra

hermana

Telo

cuerpo

Čelo
frente
Oko
ojo
Rama
hombro
Prst
dedo
Obraz
cara
Brada
pera
Dlan
mano
Noga
pierna
Prsi
pecho
Roka
brazo

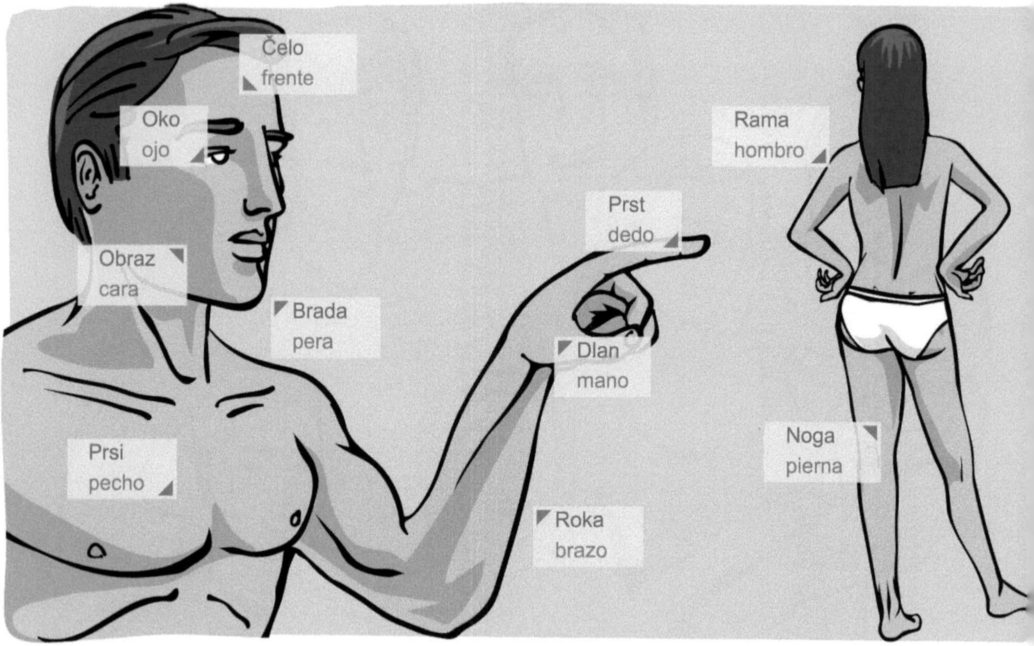

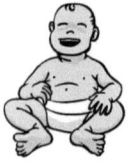

Dojenček

bebé

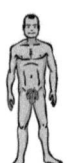

Človek

hombre

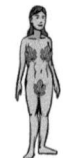

Ženska

mujer

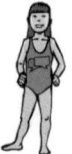

Dekle

nena

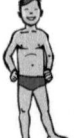

Fant

nene

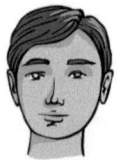

Glava

cabeza

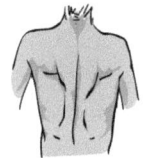

Hrbet

espalda

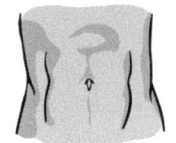

Trebuh

panza

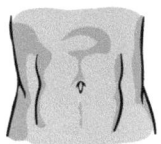

Popek

ombligo

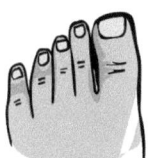

Prst na nogi

dedo del pie

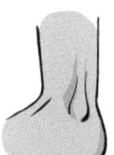

Peta

talón

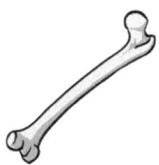

Kost

hueso

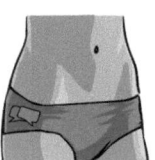

Kolk

cadera

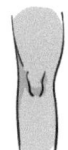

Koleno

rodilla

Komolec

codo

Nos

nariz

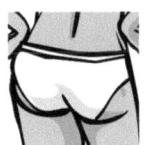

Zadnjica

cola

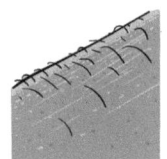

Koža

piel

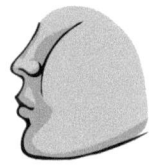

Lice

cachete

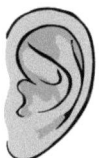

Uho

oreja

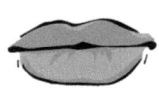

Ustnica

labio

Telo - cuerpo

Usta

boca

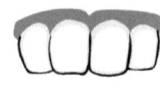

Zob

diente

Jezik

lengua

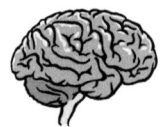

Možgani

cerebro

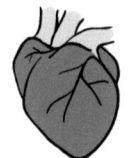

Srce

corazón

Mišica

músculo

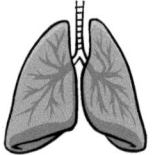

Pljuča

pulmón

Jetra

hígado

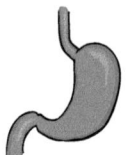

Želodec

estómago

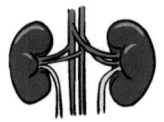

Ledvice

riñones

Spolni odnos

sexo

Kondom

preservativo

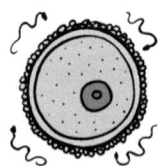

Jajčece

óvulo

Semenska tekočina

semen

Nosečnost

embarazo

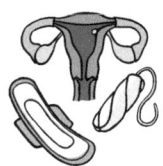

Menstruacija

menstruación

Vagina

vagina

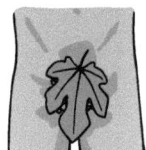

Penis

pene

Obrv

ceja

Lasje

pelo

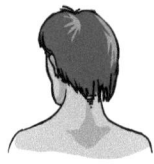

Vrat

cuello

Bolnišnica
hospital

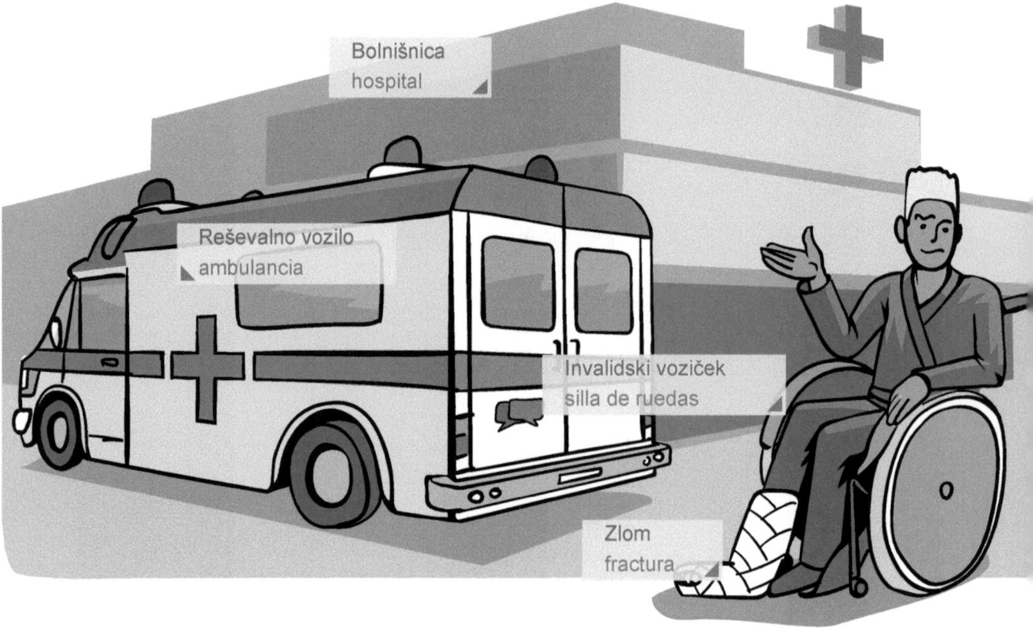

Bolnišnica
hospital
Reševalno vozilo
ambulancia
Invalidski voziček
silla de ruedas
Zlom
fractura

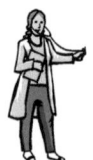

Zdravnik

médico

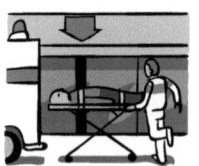

Urgenca

sala de guardia

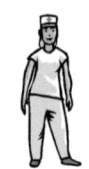

Medicinska sestra

enfermera

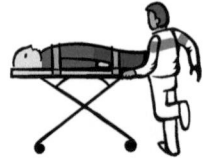

Nujni primer

emergencia

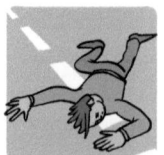

Nezavesten

inconsciente

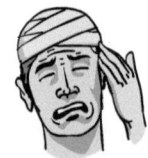

Bolečina

dolor

Poškodba

lesión

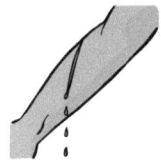

Krvavenje

hemorragia

Srčni infarkt

infarto

Kap

ACV

Alergija

alergia

Kašelj

tos

Vročina

fiebre

Gripa

gripe

Driska

diarrea

Glavobol

dolor de cabeza

Rak

cáncer

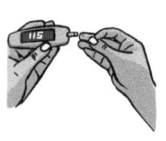

Sladkorna bolezen

diabetes

Kirurg

cirujano

Skalpel

bisturí

Operacija

operación

CT
....
TC

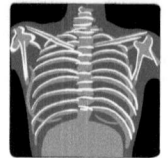

Rentgen
....
rayos x

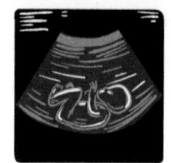

Ultrazvok
....
ecografía

Obrazna maska
....
barbijo

Bolezen
....
enfermedad

Čakalnica
....
sala de espera

Bergla
....
muleta

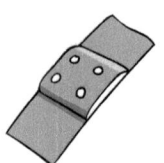

Obliž
....
curita

Preveza
....
venda

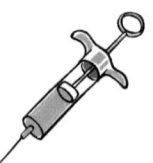

Injekcija
....
inyección

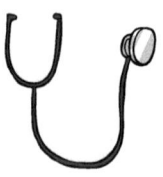

Stetoskop
....
estetoscopio

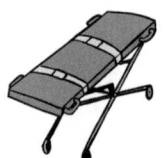

Nosila
....
camilla

Klinični termometer
....
termómetro

Porod
....
nacimiento

Prekomerna teža
....
sobrepeso

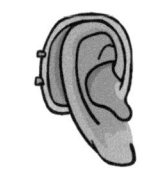

Slušni pripomoček

audífono

Razkužilo

desinfectante

Okužba

infección

Virus

virus

HIV / AIDS

VIH / SIDA

Medicina

remedio

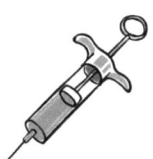

Cepljenje

vacunación

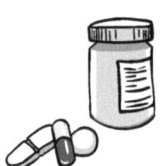

Tablete

comprimidos

Tableta

pastilla anticonceptiva

Klic v sili

llamada de emergencia

Merilnik krvnega tlaka

tensiómetro

bolano / zdravo

enfermo / sano

Na pomoč! ¡Ayuda!	 Alarm alarma	 Napad agresión
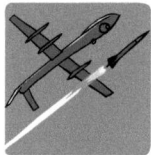 Napad ataque	 Nevarnost peligro	 Izhod v sili salida de emergencia
Gori! ¡Fuego!	 Gasilni aparat matafuego	 Nezgoda accidente
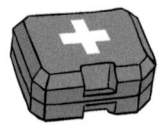 Komplet za prvo pomoč botiquín de primeros auxilios	 SOS SOS	 Policija policía

Evropa

Europa

Severna Amerika

América del Norte

Južna Amerika

América del Sur

Afrika

África

Azija

Asia

Avstralija

Australia

Atlantski ocean

Atlántico

Tihi ocean

Pacífico

Indijski ocean

Océano Índico

Južni ocean

Océano Antártico

Arktični ocean

Océano Ártico

Severni tečaj

polo norte

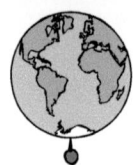

Južni tečaj

polo sur

Antarktika

Antártida

Zemlja

Tierra

Kopno

tierra

Morje

mar

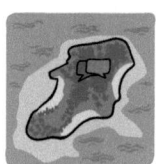

Otok

isla

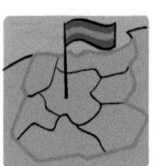

Narod

nación

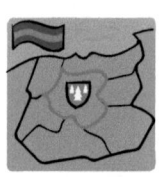

Država

estado

Številčnica

esfera

Urni kazalec

manecilla de las horas

Minutni kazalec

minutero

Sekundni kazalec

segundero

Koliko je ura?

¿Qué hora es?

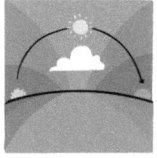

Dan

día

Čas

hora

Zdaj

ahora

Digitalna ura

reloj digital

Minuta

minuto

Ura

hora

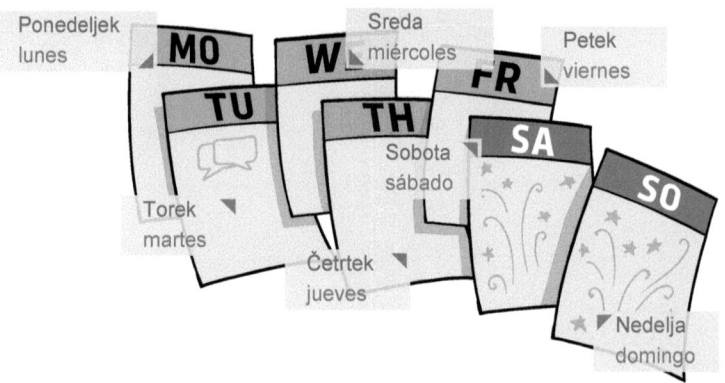

Ponedeljek
lunes

Sreda
miércoles

Petek
viernes

Sobota
sábado

Torek
martes

Četrtek
jueves

Nedelja
domingo

Včeraj

ayer

Danes

hoy

Jutri

mañana

Jutro

mañana

Poldne

mediodía

Večer

tarde

Delovni dnevi

días hábiles

Konec tedna

fin de semana

Leto
año

Dež
lluvia
Mavrica
arco iris
Veter
viento
Sneg
nieve
Pomlad
primavera
Jesen
otoño
Poletje
verano
Zima
invierno

4.APRIL 11°
5.APRIL 4°
6.APRIL 13°
7.APRIL 8°
8.APRIL 10°

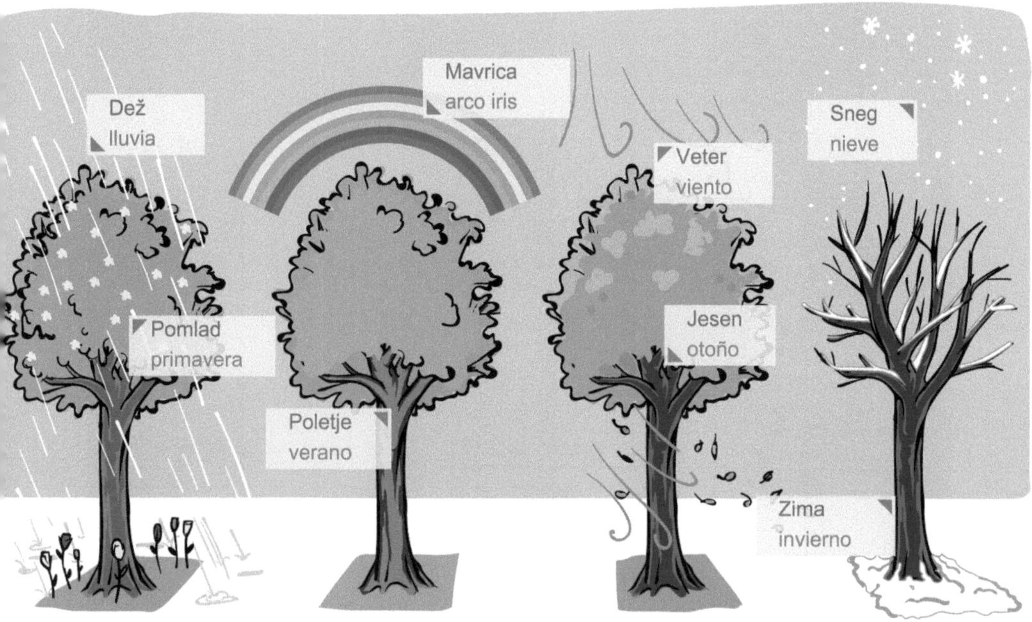

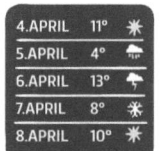

Vremenska napoved

pronóstico meteorológico

F
C
120
90
60
30
0
-30
40
30
20
10
0
-10
-20

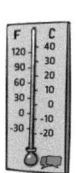

Termometer

termómetro

Sončna svetloba

luz del sol

Oblak

nube

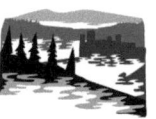

Megla

niebla

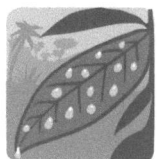

Vlažnost

humedad

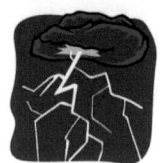

Strela

rayo

Grom

trueno

Nevihta

tormenta

Toča

granizo

Monsun

monzón

Poplava

inundación

Led

hielo

Januar

enero

Februar

febrero

Marec

marzo

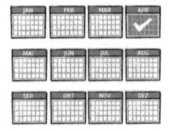

April

abril

Maj

mayo

Junij

junio

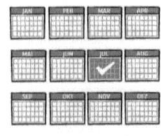

Julij

julio

Avgust

agosto

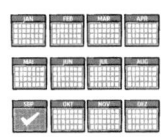

September
septiembre

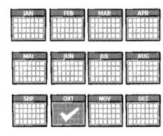

Oktober
octubre

November
noviembre

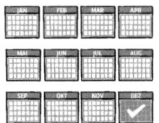

December
diciembre

Oblike
formas

Krogla
círculo

Kvadrat
cuadrado

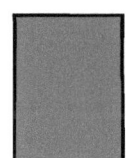

Pravokotnik
rectángulo

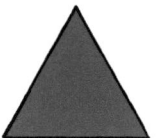

Trikotnik
triángulo

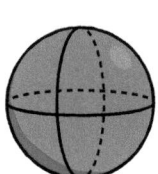

Krogla
esfera

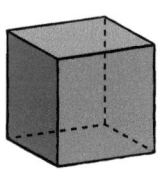

Kocka
cubo

Bela

blanco

Rumena

amarillo

Oranžna

naranja

Rožnata

rosa

Rdeča

rojo

Vijolična

violeta

Modra

azul

Zelena

verde

Rjava

marrón

Siva

gris

Črna

negro

veliko / malo

mucho / poco

jezno / umirjeno

enojado / tranquilo

lepo / grdo

lindo / feo

začetek / konec

principio / fin

veliko / majhno

grande / chico

svetlo / temno

claro / oscuro

brat / sestra

hermano / hermana

čisto / umazano

limpio / sucio

popolno / nepopolno

completo / incompleto

dan / noč

día / noche

mrtvo / živo

muerto / vivo

široko / ozko

ancho / angosto

užitno / neužitno

comestible / no comestible

zlobno / prijazno

malo / amable

vznemirjeno / zdolgočaseno

entusiasmado / aburrido

debelo / vitko

gordo / flaco

prvo / zadnje

primero / último

prijatelj / sovražnik

amigo / enemigo

polno / prazno

lleno / vacío

trdo / mehko

duro / blando

težko / lahko

pesado / liviano

lakota / žeja

hambre / sed

bolano / zdravo

enfermo / sano

nezakonito / zakonito

ilegal / legal

pametno / neumno

inteligente / estúpido

levo / desno

izquierda / derecha

blizu / daleč

cerca / lejos

novo / rabljeno
....
nuevo / usado

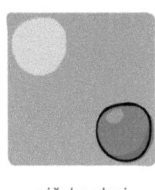

nič / nekaj
....
nada / algo

staro / mlado
....
viejo / joven

vklopljeno / izklopljeno
....
encendido / apagado

odprto / zaprto
....
abierto / cerrado

tiho / glasno
....
silencioso / ruidoso

bogato / revno
....
rico / pobre

prav / narobe
....
correcto / incorrecto

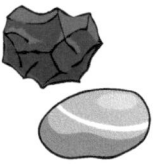

grobo / gladko
....
áspero / suave

žalostno / veselo
....
triste / contento

kratko / dolgo
....
corto / largo

počasi / hitro
....
lento / rápido

mokro / suho
....
mojado / seco

toplo / hladno
....
caliente / frío

vojna / mir
....
guerra / paz

Števila

0	**1**	**2**
Ničla	Ena	Dva
cero	uno	dos

3	**4**	**5**
Tri	Štiri	Pet
tres	cuatro	cinco

6	**7**	**8**
Šest	Sedem	Osem
seis	siete	ocho

9	**10**	**11**
Devet	Deset	Enajst
nueve	diez	once

12
Dvanajst

doce

13
Trinajst

trece

14
Štirinajst

catorce

15
Petnajst

quince

16
Šestnajst

dieciséis

17
Sedemnajst

diecisiete

18
Osemnajst

dieciocho

19
Devetnajst

diecinueve

20
Dvajset

veinte

100
Sto

cien

1.000
Tisoč

mil

1.000.000
Milijon

millón

Angleščina

inglés

Ameriška angleščina

inglés americano

Mandarinščina

chino mandarín

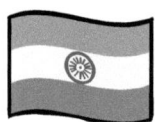

Hindujščina

hindi

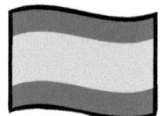

Španščina

español

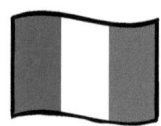

Francoščina

francés

Arabščina

árabe

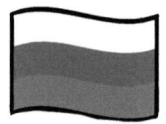

Ruščina

ruso

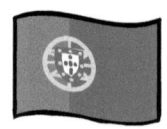

Portugalščina

portugués

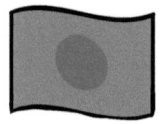

Bengalščina

bengalí

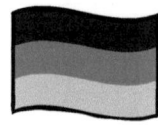

Nemščina

alemán

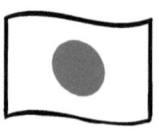

Japonščina

japonés

Kdo / kaj / kako
quién / qué / cómo

Jaz
yo

Ti
vos

On / ona / tisto
él / ella

Mi
nosotros

Vi
ustedes

Oni
ellos

Kdo?
¿quién?

Kaj?
¿qué?

Kako?
¿cómo?

Kje?
¿dónde?

Kdaj?
¿cuándo?

Ime
nombre

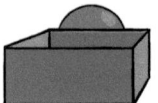

Zadaj

detrás

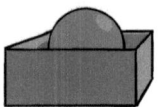

V

en

Pred

adelante de

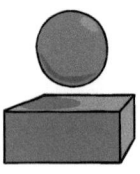

Nad

por encima de

Na

sobre

Pod

debajo de

Poleg

al lado de

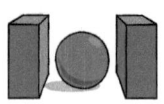

Med

entre

Kraj

lugar